BOEKANALYSE

Gelukkige mensen lezen en drinken koffie

AGNÈS MARTIN-LUGAND

BOEKANALYSE

Geschreven door Sophie Piret
Vertaald door Nikki Claes

Gelukkige mensen lezen en drinken koffie

AGNÈS MARTIN-LUGAND

AGNÈS MARTIN-LUGAND

FRANSE SCHRIJVER

- **Geboren in Saint-Malo (Frankrijk) in 1979.**
- **Opmerkelijke werken:**
  - *Happy People Read and Drink Coffee* (zelfgepubliceerde digitale editie 2012, paperbackeditie 2013), roman
  - *Entre mes mains le bonheur se faufile* ("Het geluk glipt door mijn vingers", 2014), roman
  - *Don't Worry, Life Is Easy* (2015), roman

Agnès Martin-Lugand is opgeleid tot klinisch psycholoog en heeft zes jaar in de kinderbescherming gewerkt voordat ze zich aan het schrijven wijdde. Met een talent voor het analyseren van menselijk gedrag en het interpreteren van de menselijke natuur, creëert ze personages waarmee de lezers zich gemakkelijk kunnen identificeren en plaatst ze hen in universeel relateerbare situaties. Sinds maart 2017 heeft ze vijf romans gepubliceerd, waarvan er twee in het Engels zijn vertaald.

GELUKKIGE MENSEN LEZEN EN DRINKEN KOFFIE

EEN VERHAAL VAN WEDEROPBOUW

- **Genre:** roman
- **Referentie-uitgave:** Martin-Lugand, A. (2016) *Gelukkige mensen lezen en drinken koffie*. Trans. Smith, S. New York: Weinstein.
- **1e druk:** 2012 (digitale editie), 2013 (paperback editie)
- **Thema's:** rouw, dood, verlies, leven, liefde, depressie, wederopbouw

Eind 2012 verwierf uitgever Michel Lafon de rechten van *Les gens heureux lisent et boivent du café* (de originele Franse versie van *Gelukkige mensen lezen en drinken koffie*) na het bliksemsnelle succes van de roman op digitale publicatieplatforms, nadat hij door verschillende andere traditionele uitgeverijen was afgewezen. Die afwijzingen hadden de motivatie van Agnès Martin-Lugand echter niet doen afnemen en ze besloot haar geluk te beproeven met het uitgeven in eigen beheer. Een wijs besluit, zo blijkt: de roman was onmiddellijk een succes en stond binnen enkele weken op de lijst van de 100 best verkochte Kindle-titels van Amazon. Van de paperbackeditie die in 2013 verscheen zijn meer dan 300 000 exemplaren verkocht, en de vraag naar de roman was zo groot dat de oorspronkelijke Franse versie in meerdere talen is vertaald. Maar daar houdt het succesverhaal van *Happy People Read and Drink Coffee* niet op: de Weinstein Company heeft de rechten gekocht om de roman te verfilmen.

Verder publiceerde de auteur in 2015 een vervolg, dat in 2017 in het Engels werd vertaald onder de titel *Don't Worry, Life is Easy*.

SAMENVATTING

AAN DE RAND VAN DE AFGROND IN PARIJS

Diane is volmaakt gelukkig: haar man Colin en haar dochter Clara vullen haar leven met vreugde. Samen met haar homoseksuele vriend Felix is ze eigenaar van een gezellig literair café met de naam "Happy People Read and Drink Coffee". Maar door een auto-ongeluk stort al haar geluk plotseling in.

Als Diane met Felix op de SEH aankomt, is Clara al dood en Colin zeer ernstig gewond. Als hij hoort dat Colin het niet zal overleven, besluit Felix hem niet te vertellen van Clara's dood, zodat hij in vrede kan sterven. Colin laat hem daarom beloven dat hij voor zijn vrouw en zijn dochter zal zorgen, en sterft kort daarna. In een paar uur tijd heeft Diane alles verloren wat haar dierbaar was. Wanneer het moment komt om afscheid te nemen van haar dochter, rent ze het ziekenhuis uit. Ze kan de realiteit niet accepteren en weigert aanwezig te zijn als ze in hun kist worden gelegd. Haar ouders zijn echter vastbesloten haar over te halen zich aan de traditie te houden en de begrafenis bij te wonen. Te uitgeput om zich tegen hen te verzetten, stemt ze toe en blijft gedurende de hele ceremonie dicht bij Felix.

De volgende keer dat de lezer Diane tegenkomt is er een jaar voorbij, maar ze is niet in staat om verder te gaan. Ze zit vast in het verleden, in dat moment waarop ze alles verloor. Ze is een kluizenaar geworden, herleeft onophoudelijk haar herinneringen aan die gebeurtenissen en raakt steeds dieper in een depressie. Ze draagt de kleren van haar overleden man, doucht zelden en gebruikt alleen de zeep van haar dochter, heeft geen eetlust en maakt haar flat niet meer schoon. Ze verdrinkt in ellende, weigert uit te gaan of te werken en kan elk moment in tranen uitbarsten.

Felix is de enige persoon die haar kan bereiken, en is haar enige echte link met de buitenwereld. Hij probeert tevergeefs zijn vriendin uit haar lethargie te halen.

Diane voelt zich een gevangene, alsof ze stikt, en besluit weg te lopen – van haar flat, van haar ouders, van haar verleden. Ze besluit naar Mulranny in Ierland te verhuizen ter herinnering aan haar overleden man, die ervan droomde daar op vakantie te gaan. Felix en haar ouders zijn tegen het idee, omdat ze vinden dat ze niet fit genoeg is om alleen te reizen. Vastbesloten hun ongelijk te bewijzen, begint Diane aan de reis en aan de zoektocht om haar leven opnieuw op te bouwen, alleen.

OPNIEUW LEREN LEVEN IN IERLAND

Bij aankomst op het eiland ontmoet Diane Abby en Jack, de eigenaars van het huisje dat ze in Mulranny huurt. Ondanks de verandering van omgeving valt ze al snel terug in haar oude depressieve gewoontes en weigert ze uit te gaan en de lokale bevolking te ontmoeten. Terwijl ze haar verhuurders bezoekt, ontmoet ze hun neef, Edward, die in het huisje naast het hare woont. Haar eerste indruk van hem is dat hij zeer vijandig, asociaal en neerbuigend is. Elke keer dat hun paden kruisen, eindigt het in een laaiende ruzie. En met reden: hij is onbeleefd, aarzelt niet om zijn ongenoegen over een buurman te laten blijken en verzet zich volledig tegen het idee om haar uit te nodigen op het kerstfeest van Abby en Jack. Toch ontwikkelt hun relatie zich geleidelijk, vooral nadat Edward haar redt wanneer ze zichzelf probeert te verdrinken.

Dankzij Edward herwint Diane haar levenslust en komt ze uit haar eenzaamheid. Ze beginnen een relatie en terwijl ze gevoelens herontdekt waarvan ze dacht dat ze voor altijd verloren waren (het plezier om zich klaar te maken voor een afspraakje, het verlangen naar een ander, het plezier van uitgaan, enz. Hij nodigt Diane uit naar zijn toevluchtsoord, de Aran-eilanden. Deze uitnodiging staat symbool voor de intimiteit en liefde die tussen hen opbloeit.

Bij hun terugkeer wordt hun gelukzaligheid verstoord door de komst van Megan, Edwards ex-vriendin, die hun ontluikende romance een halt probeert toe te roepen. Edwards gedrag tegenover Diane verandert en hij vraagt haar zelfs om naar huis terug te keren. Gedesoriënteerd door zo'n drastische verandering van omstandigheden, probeert de jonge vrouw uit te zoeken wat er tussen de twee voormalige geliefden is gebeurd. Van Edwards zus Judith verneemt ze dat de twee een hartstochtelijke romance hadden, en dat Megan Edwards vertrouwen had weten te winnen, maar dat ze hem uiteindelijk bedroog. De twee vrouwen worden rivalen, vechten om Edwards liefde en dwingen hem uiteindelijk tussen hen te kiezen.

Edward beseft dat er voor hem geen toekomst is met Megan, en zegt haar naar huis te gaan. Dan verklaart hij zijn liefde voor Diane, maar zij beseft dat ze er niet klaar voor is. Ze geeft toe dat ze haar overleden echtgenoot Colin niet kan vergeten en dat ze zich pas kan binden als ze zijn dood heeft verwerkt. Diane besluit terug te keren naar Parijs, omdat ze beseft dat haar weg naar genezing en acceptatie daarheen leidt, en ze verlaat Mulranny en Edward met betraande ogen.

LEVEN IN PARIJS

Bij haar terugkeer in Parijs neemt ze een taxi naar het literaire café dat ze aan Felix had toevertrouwd, en de twee vrienden beleven een vreugdevol weerzien. Als ze merkt dat het café in verval raakt, besluit ze orde en leven te brengen in het etablissement dat haar zo na aan het hart ligt. Ze betrekt de lege, stoffige flat boven het café en maakt een nieuwe start voor zichzelf en neemt de controle over haar zaak en haar leven terug.

Uiteindelijk heeft ze niets meer nodig dan de mensen die van haar houden en het werk dat ze aanbidt om haar leven weer op te bouwen. Ze begint opnieuw, koopt nieuw serviesgoed en bestelt nieuwe boeken om haar werkplek op te fleuren. Ze is eindelijk klaar om uit te gaan en mensen te ontmoeten; ze is op weg naar genezing en ze kan eindelijk naar de toekomst kijken zonder bang te zijn dat de zorgen van gisteren weer de kop opsteken.

KARAKTERSTUDIE

DIANE

Als liefhebbende echtgenote van Colin en liefhebbende moeder van Clara opent Diane samen met Felix, een eigenzinnige familievriend, een literair café genaamd "Happy People Read and Drink Coffee". Ze heeft alles wat ze nodig heeft om gelukkig te zijn.

Na de dood van de twee pijlers van haar leven is ze in zo'n diepe depressie en apathie gedompeld dat niets, zelfs niet haar beste vriendin, haar eruit lijkt te kunnen halen. Ze sluit zich als een kluizenaar op in haar flat en zoekt troost in het verleden, tevergeefs zoekend naar sporen van de aanwezigheid van haar geliefden, zelfs maar een vleugje van hun geur.

Wanneer ze naar Ierland vertrekt en haar oude leven achterlaat, wordt haar verlangen om te leven opnieuw gewekt en komt haar persoonlijkheid aan de oppervlakte – een sterke, uitgesproken persoonlijkheid, met één emotie in het bijzonder die haar terug naar de realiteit brengt: woede. Ze is boos op de onbeleefdheid en onverschilligheid van haar buurman Edward, op zichzelf, op het universum dat haar twee geliefden van haar heeft weggenomen, en op een rivaal die probeert een fragiele nieuwe band die opbloeit tot liefde te verbreken. Beetje bij beetje herontdekt Diane de geneugten van het leven: luisteren naar muziek, dansen, mooie kleren dragen, haar uiterlijk verzorgen, enz.

Door Edward kan ze haar angsten overwinnen, zoals het vergeten van haar overleden dierbaren of het gedwongen worden het leven frontaal onder ogen te zien. Hij is ook degene die haar helpt haar hoogtevrees te bestrijden door haar mee te nemen naar de rand van een klif. Met hem aan haar zijde durft ze naar beneden te kijken en haar fobie te overwinnen. Hun avonturen op de Aran Islands geven haar een gevoel van vrijheid, geven haar het zetje dat ze nodig heeft om weer op adem te komen en geven haar een voorproefje van het geluk dat ze zou kunnen herontdekken, en de plaats die ze zou kunnen vinden in de wereld van de levenden: "Ik voel me hier vrij" (p. 151). Ze hervindt een zekere mate van rust en begint vooral weer in het leven en de liefde te geloven.

FELIX

Felix is de trouwste vriend van Diane, die vooral aan het begin van de roman verschijnt als Diane in Parijs woont. Altijd gekleed in gescheurde jeans en strakke T-shirts, is hij een archetypische gay best friend. Hij is erg vluchtig en leidt een hedonistisch leven, doet zelden werk en laat het literaire café in verval raken door de afwezigheid van zijn vriend.

Hij biedt zijn vriend echter enorme morele steun na de dood van Colin en Clara: hij is degene naar wie Diane gaat tijdens de begrafenis, en hij is degene die haar troost wanneer ze tijdens haar eerste bezoek aan het kerkhof in elkaar stort. Hij fungeert ook als tussenpersoon tussen Diane en haar ouders, die moeite hebben de reacties van hun dochter te begrijpen. Hij redt enkele belangrijke voorwerpen (met name het koffiezetapparaat dat een geschenk was van Colin) wanneer de ouders en schoonouders van zijn vriendin haar spullen uit haar echtelijke woning laten verhuizen – voorwerpen waarmee ze wordt herenigd wanneer ze naar de flat boven het café verhuist. Hoewel hij haar voortdurend te hulp schiet, behandelt hij haar ook als een kind en twijfelt hij aan haar vermogen om de wereld alleen aan te kunnen, omdat ze niet in haar eigen fysieke en psychologische behoeften kan voorzien. Uiteindelijk is het aan hem te danken dat ze Parijs verlaat voor Ierland en besluit haar leven weer in eigen hand te nemen.

EDWARD

De lezer ziet Edward voor het eerst door de ogen van Diane. Het portret dat zij aanvankelijk van hem schetst is niet erg vleiend: "Zijn ruwe gezicht en minachtende uitdrukking maakten dat ik geen warmte voor hem voelde. [Hoe meer ik naar hem keek, hoe onaantrekkelijker ik hem vond. Hij lachte niet. Hij stonk naar arrogantie" (p. 54).

Edward woont in het huisje naast dat van Diane en is de neef van Abby en Jack. Als fotograaf brengt hij talloze uren alleen aan zee door. Hij trekt zich vaak terug op de Aran Islands, zijn geheime haven waar hij zich graag oplaadt.

Onbeschoft, onbeleefd en onwillig om zich te houden aan de sociale conventies waar buren zich gewoonlijk aan houden, toont hij totale desinteresse en zelfs vijandigheid jegens zijn omgeving, inclusief zijn nieuwe buurman. De auteur geeft verschillende verklaringen voor dit gedrag, waaronder het verlies van zijn moeder, die stierf tijdens de geboorte van zijn jongere zusje Judith. Daarna botste hij vaak met zijn vader, die nauwelijks meer voor zijn kinderen zorgde, en zijn verbittering wordt nog versterkt na een mislukte romance, die hij nooit lijkt te hebben verwerkt. Sindsdien vlucht hij naar Mulranny en trekt hij zich steeds verder terug in zijn privé-universum.

Naarmate de plot zich ontvouwt, worden de overeenkomsten tussen Diane en Edward steeds groter en duidelijker. In sommige opzichten ziet Diane – en veracht – haar eigen reflectie in Edward. Beiden willen alleen leven, geïsoleerd van de maatschappij. Verpletterd door het leven zijn ze niet in staat over hun verleden te praten, uit angst dat als ze hun herinneringen met anderen delen, ze hun greep op de laatste sporen van de mensen die ze hebben verloren, zullen verliezen. Ze vertrouwen niemand, roken veel en zijn altijd slordig. Toch overwinnen ze uiteindelijk hun angst en delen ze hun geheimen, dankzij de tussenkomst van Judith, en winnen ze elkaar voor zich. Edward komt Diane ook herhaaldelijk te hulp en neemt tot op zekere hoogte Felix' rol over in moeilijke situaties. Hij neemt haar ook mee naar de Aran-eilanden, zijn toevluchtsoord, waar hij nog nooit iemand anders naartoe heeft gebracht.

DIANES OUDERS

Dianes ouders komen niet veel voor in het boek. Zij houden zich strikt aan conventies, denken altijd aan wat andere mensen zouden zeggen en begrijpen de reacties en het verdriet van hun dochter over de begrafenisrituelen en -tradities niet. Ze zijn erg streng voor haar als ze vertelt dat ze niet naar de begrafenis kan gaan: "'Het is je plicht,' voegde mijn moeder eraan toe. "Je zult gaan en geen scène maken."" (p. 34)

Ze begrijpen ook niet dat hun dochter naar Ierland wil. Ze kleineren haar voortdurend, zeggen haar dat ze niet in staat is voor zichzelf te zorgen, dat ze niet met de eer van haar literaire café kan strijken omdat zij het hebben gefinancierd en, tenslotte, dat het onverantwoord is het geld dat Colin haar heeft nagelaten uit te geven om naar het buitenland te reizen.

Gedurende de twee jaar waarin de roman zich afspeelt, ziet of hoort Diane haar ouders niet.

ABBY EN JACK

Abby en Jack zijn de eigenaars van het huisje dat de heldin huurt, en blijken waardevolle bondgenoten voor Diane. Abby is zeer gastvrij voor haar, terwijl Jack meer gereserveerd is. Hij heeft echter een zeldzaam inzicht in de menselijke natuur: "Ik merkte Jacks wetende blik op; hij had het al begrepen" (p. 207).

Zij zijn de enige familie die Edward en zijn zus nog hebben, en namen hen in huis na de dood van hun moeder en de verwaarlozing door hun vader.

JUDITH

Judith is Edwards jongere zus, en lijkt qua persoonlijkheid bijna lijnrecht tegenover hem te staan: ze is een vrolijke, gezellige, spraakzame stadsbewoonster die het leven, de zorgeloze jeugd, het enthousiasme en het plezier verpersoonlijkt. Diane is erg op haar gesteld: "het samenzijn met deze jonge vrouw deed me goed" (p. 94).

Zij blijkt een waardevolle bondgenoot te zijn wanneer Megan weer in Edwards leven verschijnt. Zij is degene die Diane uiteindelijk het verhaal van haar broer vertelt en haar een verklaring geeft voor het gedrag en de reacties van haar buurvrouw. Zij is ook degene die Diane overtuigt om voor Edward te vechten en hem terug te winnen. Ze kiest de kant van Diane, omdat ze vurig wil dat Megan uit het leven van haar broer verdwijnt, omdat ze zijn hart al een keer heeft gebroken.

MEGAN

Megan is Edwards ex-vriendin. Hun breuk was ongelooflijk moeilijk voor Edward, omdat ze hem bedroog net toen hij haar ten huwelijk wilde vragen. Toch zagen ze elkaar nog af en toe als Edward voor zaken naar Dublin ging. Megan blijft erg aan hem gehecht en probeert hem al vijf jaar terug te winnen. Ze komt naar Mulranny met maar één doel voor ogen: voorgoed terug bij haar ex-vriend. Ze is mooi op een koude, ambitieuze, arrogante manier; het lijkt erop dat niets en niemand immuun is voor haar charmes, en ze deinst er niet voor terug alle middelen te gebruiken om haar doel te bereiken.

POSTBODE PAT

Postman Pat is een toespeling op de gelijknamige tekenfilm. In de roman is Postman Pat de hond van Edward. Hij bezorgt de post, maar zijn belangrijkste taak is het verspreiden van vreugde in het Ierse dorp, door vroeg op te staan en de dag van de inwoners op te fleuren met zijn vriendelijke, vrolijke karakter. Dit maakt hem ook tot een tegenpool voor zijn baasje.

Postbode Pat is een belangrijk personage in de roman. In feite is hij degene die Diane niet alleen helpt om haar emoties onder controle te houden, maar ook om ze te uiten. Na de dood van haar man en dochter is de hond de eerste met wie ze een eenvoudige, directe, authentieke vriendschap ontwikkelt, en hij geeft haar de kracht om moeilijke situaties te doorstaan. Hij brengt Diane en Edward ook samen, want Diane zorgt meermaals voor hem als zijn baasje weg is. Diane wint Edwards hart ook via Postman Pat: in tegenstelling tot Megan accepteert Diane de hond zoals hij is, met zijn natte, vuile poten, een metafoor die illustreert hoe zij Edward accepteert zoals hij is, met al zijn gebreken en zwakheden.

CLARA EN COLIN

Clara en Colin zijn aan het begin van het verhaal al een jaar dood, en hoewel we nooit veel informatie over hen krijgen, zijn ze gedurende de hele roman een tastbare aanwezigheid.

Colin was advocaat en stierf op 33-jarige leeftijd. Hij hield genoeg van Ierland om er zijn vakanties door te brengen, maar hield nog meer van zijn vrouw, genoeg om die droom op te geven en haar mee te nemen naar zonniger oorden. Hij is Dianes rots, en was degene die hun leven op orde hield.

Clara, hun dochter, was vijf jaar oud toen ze stierf. Ze was nog maar een paar maanden oud toen Diane en Felix hun literaire café openden, waar ze haar eerste stapjes zette.

Aan het einde van het verhaal is Diane eindelijk in staat zichzelf ertoe te brengen het kerkhof te bezoeken. Ze praat daar met haar dierbaren zonder in een depressie te vervallen.

ANALYSE

ROUW

De psychiater Elisabeth Kübler-Ross (1926-2004), die pionierde met nieuwe zorgtechnieken voor stervenden, staat bekend om haar theoretische cyclus van vijf stadia, die worden doorlopen door degenen die kennis nemen van hun eigen naderende dood. Deze cyclus kan worden toegepast op alle vormen van rouw en verlies. De volgorde en het belang van deze stadia liggen niet vast, en verschillen per individu.

- **Ontkenning:** in deze fase verkeert het individu in een staat van shock, weigert de werkelijkheid te aanvaarden en heeft het gevoel dat alle emoties zijn weggezogen. Dit overkomt Diane, die zo overweldigd is en in zo'n diepe shocktoestand verkeert dat ze het ziekenhuis ontvlucht en weigert naar de begrafenis te gaan of de begraafplaats te bezoeken.

- **Woede:** wanneer het individu uiteindelijk de realiteit onder ogen ziet, ervaart het grote pijn en keert het zich tegen alles. In de roman is woede de eerste emotie – naast verdriet – die Diane voelt na de dood van haar familie. Ze is bijvoorbeeld woedend over Edwards onbeleefdheid en vooral over het wrede lot dat haar man en dochter van haar heeft weggenomen.

- **Onderhandelen:** in deze periode probeert het individu te onderhandelen over de terugkeer van de ander, maar beseft al snel dat dit onmogelijk is. Diane lijkt deze fase niet echt door te maken, hoewel zij wanhopig op zoek gaat naar herinneringen aan de aanwezigheid van haar man en dochter door de kleren van eerstgenoemde te dragen en zich te wassen met de zeep van laatstgenoemde.

- **Depressie:** dit is de langste en moeilijkste fase van rouw. Het individu ervaart diep verdriet en is emotioneel erg kwetsbaar. Wanneer het verhaal begint, zit Diane diep in de depressiefase: ze eet of wast nauwelijks, zondert zich af, enz. Op een keer in Ierland is haar wanhoop zo groot dat ze een zelfmoordpoging doet.

- **Acceptatie:** de rouwende accepteert uiteindelijk dat de ander er niet meer is en keert terug naar een relatief normaal bestaan. Aan het einde van de roman is Diane in staat terug te keren naar Parijs en de flat van de familie te verlaten. Ze maakt een nieuwe start en stelt zich open voor anderen.

Het verdriet van Diane is nog moeilijker voor haar omdat ze te maken heeft met het dubbele verlies van zowel haar man als haar kind. Het boek beschrijft Dianes verdriet en lijden, maar ook de langzame, pijnlijke weg die ze moet afleggen om haar leven weer op te bouwen. In de loop van het verhaal ondergaat Diane een transformatie. De lezer verwacht misschien dat ze geneest door opnieuw verliefd te worden, maar uiteindelijk is het haar werk dat haar in staat stelt zich te bevrijden: "Ik denk dat de wederopbouw van mijn leven hier bij Happy People moet beginnen" (p. 217).

DE WEG NAAR GENEZING

Wanneer Diane Parijs verlaat, wil ze zich onttrekken aan de aandacht van Felix, maar ook aan haar dagelijks leven, dat nog steeds doordrenkt is van de aanwezigheid van Colin en Clara. Ze gaat dus niet op reis om haar leven opnieuw op te bouwen, maar om te ontsnappen aan een wereld die haar teveel aan haar verdriet doet denken.

De auteur gebruikt verschillende beelden om Dianes emoties te onderstrepen en de weg te illustreren die zij moet afleggen naar genezing.

Zielige drogreden

Het klimaat van Ierland wordt vaak omschreven als gematigd, maar in werkelijkheid is het beter te omschrijven als onvoorspelbaar. Het weer verandert om de haverklap: het is heel goed mogelijk dat stortregens binnen enkele uren plaatsmaken voor fel zonlicht.

In *Happy People Read and Drink Coffee* speelt het weer een belangrijke rol. Wind, regen en storm zijn ook metaforen voor de psychologische toestand van de heldin. Als ze huilt, giet het van de regen. Als er een storm woedt, verliest Diane haar greep op alle zekerheid en duikt ze terug in een depressie. Wanneer ze ervoor kiest te vluchten in plaats van haar problemen onder ogen te zien, gaat de hemel open en wordt ze doorweekt door een stortbui. Het gure weer helpt haar om haar gevoelens te uiten en haalt haar enigszins uit haar roes: "Ik moest een manier vinden om niet doorweekt te raken telkens als ik het huis verliet om een luchtje te scheppen" (p. 56).

Gevangen in een neerwaartse spiraal van wanhoop op de dag van de verjaardag van haar dochter, drinkt Diane tot in de vroege uurtjes. Na een heftige aanval van braken staat ze lange tijd onder de douche voordat ze naar buiten gaat en naast de woeste zee gaat liggen. Edward komt haar opzoeken en troost haar, en zodra ze zich veilig in zijn armen voelt, stopt de regen.

Haar terugkeer naar Parijs bevestigt deze theorie. Omdat Diane er beter mee omgaat en zich klaar voelt om het leven en de realiteit aan te pakken, klaart de lucht op en wordt het klimaat aangenamer. De zon verlicht de weg naar genezing en laat zien dat geluk nog steeds haalbaar is: "Maar de lucht was nog steeds blauw. Ik glimlachte en sloot mijn ogen" (p. 223).

Diane: de buitenstaander

Wanneer Diane in Ierland aankomt en de rol van buitenstaander op zich neemt, moet ze de gewoonten en gebruiken van het land leren: links rijden, Engels spreken, de plaatselijke bevolking begroeten, enz. Ze moet zich oriënteren in een land dat niet het hare is, omringd door mensen die ze niet kent. Dit is een metafoor voor haar eigen leven, want ze is een vreemde voor zichzelf geworden. Ze heeft al haar referentiekaders verloren toen haar familie stierf: eerst hun aanwezigheid, dan haar eigen persoonlijkheid en uiteindelijk haar persoonlijke en professionele omgeving. Zonder hen voelt haar leven niet meer alsof het van haar is, en ze moet alles opnieuw leren, haar eigen lichaam en bestaan weer in handen nemen. Zo toont haar reis haar de weg naar genezing.

VERDERE REFLECTIE

ENKELE VRAGEN OM OVER NA TE DENKEN...

- "We schatten in dat [verdriet] na een bepaalde tijd over-wonnen zal zijn en dat het ongelegen, zelfs schadelijk, zou zijn om het te verstoren. "Bespreek dit citaat over verdriet van Freud (1856-1939) in relatie tot de weergave van verdriet door de auteur.

- Leg het verband uit tussen de titel en de inhoud van het boek.

- Bespreek hoe er in onze samenleving wordt omgegaan met verdriet. Is het vergelijkbaar met de manier waarop het in het boek wordt afgeschilderd? Waarom?

- Welke metaforen vind je in het boek? Leg uit aan de hand van voorbeelden.

- Vergelijk de verhalen van Diane en Edward. Wat hebben ze gemeen?

- Vond je het einde bevredigend? Waarom?

- De derde roman van de auteur, *Don't Worry, Life Is Easy*, is een vervolg op dit boek. Denk je dat een vervolg nodig was? Waarom?

- Diane staat niet op goede voet met haar ouders. Is dit een geval van intergenerationeel conflict? Leg uit aan de hand van voorbeelden uit de roman.

- *Happy People Read and Drink Coffee is* het perfecte voorbeeld van een self-publishing succesverhaal. Wat vindt u van deze manier van uitgeven? Is het het soort innovatie dat meer promotie verdient? Bespreek.

VERDER LEZEN

REFERENTIE-UITGAVE

Martin-Lugand, A. (2016) *Gelukkige mensen lezen en drinken koffie*. Trans. Smith, S. New York: Weinstein.

REFERENTIESTUDIES

Kübler-Ross, E. en Kessler, D. (2014) *Over verdriet en rouw: Finding the Meaning of Grief Through the Five Stages of Loss*. Londen: Simon & Schuster.

We horen graag van jou! Laat
een reactie achter op jouw online bibliotheek
en deel je favoriete boeken op social media!

De uitgever garandeert de betrouwbaarheid van de gepubliceerde informatie, die echter niet onder zijn verantwoordelijkheid valt.

www.50minutes.com

Master ISBN: 9782808688079
Papier ISBN: 9782808699471
Wettelijk depot: D/2023/12603/1227

Omslag: © Primento

Digitaal ontwerp: Primento, de digitale partner van uitgevers.